¡Ssssssh hhhhhhhhhhh!

Haz del teatro algo íntimo

Llévalo siempre en el bolsillo

Cubierta y diseño editorial: Éride, Diseño Gráfico
Dirección editorial: ángel jiménez

Primera edición: diciembre, 2025

#anorexia
© María Gutiérrez
© VdB, 2025
Espronceda, 5
28003 Madrid

VdB®

ISBN: 979-13-87644-59-8
Depósito Legal: M-27633-2025
Diseño y preimpresión: Éride, Diseño Gráfico

 Este libro protege el entorno

#anorexia

María Gutiérrez
(Madrid, 2001)

Comenzó su carrera teatral en 2023 como ayudante de dirección en *Sueño de una noche de verano* y *Un marido ideal*, versionadas y dirigidas por Ramón Paso. También ha trabajado como ayudante de producción en *Jardiel enamorado*, *Otra vuelta de tuerca* y *Filomena* de la compañía PasoAzorín Teatro. Ha ganado y quedado finalista en varios certámenes de teatro breve en los que algunas de sus obras han sido representadas. Actualmente cursa el Grado en Estudios Teatrales de la Universidad Complutense de Madrid en el itinerario de teatrología, dramaturgia y crítica.

María Gutiérrez

#anorexia

La chica escondida en una butaca

La primera vez que vi a María Gutiérrez fue en el patio de butacas del Teatro Lara. Su cara me sonaba de haberla visto con anterioridad. Pronto me di cuenta de que era una presencia habitual en ese y otros patios de butacas. En redes sociales comentaba obras que había visto y hacía extraños rituales con tréboles virtuales para conseguir aprobar las asignaturas de la carrera de Enfermería, que estudiaba en aquellos días. Sus opiniones eran inteligentes y, sobre todo, apasionadas, y eso compensaba, sin duda, lo de los tréboles adolescentes. Pocas veces he visto a alguien que asista a una representación teatral con tanta devoción y con tanto amor como hacía María. Su mirada, habitualmente huidiza y tímida, se encendía, impulsada por los fuegos de Talía o de Dionisio, y vibraba, mientras consumía con ferocidad de neófita cada evolución que se sucedía en el escenario. Un día intercambié algunas palabras de cortesía con ella en una de nuestras funciones en la sala pequeña del Lara. Otro día le pregunté sobre una función que ella había visto y que yo quería ver. Me dijo que era una mierda. Asistí y María tenía razón.

Las conversaciones se fueron haciendo habituales y, cuanto más charlaba con ella, más descubría a una auténtica creyente en ese misterio religioso que llamamos teatro a falta de un nombre mejor. Normalmente la gente que quiere dedicarse a *la profesión* sólo lo hace con la esperanza de ser famosa o de, al menos, ver satisfecha su vanidad. El día que María me confesó, y utilizo la palabra *confesó* porque más que la afirmación de querer dedicarse a la escritura dramática, fue un acto de intimidad, susurrado, con temor reverencial, así que el día que María me *confesó* que su deseo era entrar a formar parte del ilustre, aunque famélico, gremio de los dramaturgos vivos españoles, cuyo número se puede contar con los dedos de un par de manos, mientras que las filas de los aspirantes son *legión*, no vi vanidad ni soberbia ni ansias de fama... sólo vi a una buena chica con un sueño. Un sueño que, tal vez, se podría cumplir. Leí un pequeño texto que ella había escrito y me llamó la atención. Lo normal, cuando leo un texto de alguien que quiere ser escritor dramático, es pensar *joder, pobre desgraciado, y cuántas faltas de ortografía*. María tenía una ventaja sobre todos esos degeneradillos —lo digo con cariño —y esa ventaja consiste en que lee mucho teatro, ve mucho teatro y se ha ido quedando con el cómo se debe hacer y el cómo no se debería hacer jamás. Sólo hay una forma de aprender a escribir: leer mucho y escribir mucho. No hay otra manera y no existen atajos.

Cuando María empezó a escribir #*anorexia* me pareció que el tema era valiente y peligroso. Siempre que se escoge un tema social

—los desórdenes alimenticios son el mal endémico de una sociedad sobrealimentada, que cocina a fuego lento su decadencia sobre las cenizas de la pobreza del resto del planeta— se corre el riesgo de caer en lo obvio, en el discurso buenista, en el panfleto tan de moda en las instituciones teatrales, que, mientras escribo esto, son dirigidas por activistas... Me dedico al negocio del espectáculo y estoy harto de ver mujeres con desórdenes alimenticios. ¿Cómo no va a ser así, si existe un desmedido culto al físico en esta sociedad infantilizada y atontolinada en la que intentamos sobrevivir? Las reglas de la moda y de la belleza dictan que las mujeres deben perder las curvas naturales de su anatomía para convertirse en maniquíes y perchas esqueléticas para ropa, curiosamente, diseñada por homosexuales y mujeres heterosexuales... y a ellos y a ellas les gustan las formas masculinas. Los desórdenes alimenticios no son cosa nueva. La primera esposa de Lucio Cornelio Sila, tía de Cayo Julio César, padecía anorexia. En las crónicas históricas hay pocos casos más, y en el siglo pasado resultaba algo anecdótico, minoritario. Pero desde finales de ese siglo y del nuestro se ha convertido en una enfermedad recurrente, síntoma de la frivolidad de la que nos infectan las redes sociales y del bombardeo constante de imágenes desdibujadas del cuerpo femenino a las que se enfrentan las mujeres desde muy jóvenes; y también una forma de fingimiento propia de adolescentes que no acaban de crecer jamás, que sirve para llamar la atención.

Cuando empecé a leer la obra de María me sorprendieron dos cosas. La primera, la crudeza. La segunda, la sinceridad. María no se anda con tapujos. Habla de obesidad con absoluta crueldad, habla de los motivos que llevan a alguien a dejar de alimentarse, de la competitividad sexual, de la irresponsabilidad de los padres, que se niegan a ver la verdad de lo que les está pasando a sus hijos... ¿Cómo puede ser que un desorden mental severo pase desapercibido para los responsables legales de una menor, que técnicamente pasan el día junto a ella? ¿Cómo puede ser que una sociedad adulta y civilizada convierta la comida, el sustento vital, en una forma de diversión? Quedamos para comer, para cenar, invitamos a merendar, regalamos comida... ¿Cómo puede ser que existan anuncios de comida? Es un bien de primera necesidad. ¿Cómo puede ser que prime el aspecto o el glamour por encima de los valores nutritivos? ¿Cómo puede ser que modelos, actrices, bailarinas y mujeres en general vean tan trastocada la imagen que tienen de sí mismas que busquen voluntariamente parecerse a los niños muertos de hambre que salen en los anuncios que piden ayuda —socorro— para frenar las hambrunas en Etiopía o Biafra? La única diferencia entre un pobre niño etíope, famélico, desnutrido, en los huesos, y una modelo europea es el tipo de moscas que revolotean a su alrededor.

Pienso en la sociedad que hemos creado y pienso también que esa misma sociedad es la que convierte la obra de María en algo que hace falta. Los psicólogos dicen que no hay culpa, sólo responsabilidad. La obra de María habla de culpa y señala a las personas que se involucran en esos negocios que luego se convierten en *#anorexia*. Eche usted un vistazo en las redes. Échelo. Ya verá. Hay foros donde las niñas, joder, niñas, se pasan unas a otras trucos para deshacerse de la comida. Llaman a la anorexia y a la bulimia, Ana y Mía, como si de amigas se tratase. No veo que la sociedad haga nada al respecto, no veo que el Ministerio de Igualdad haga nada al respecto, no veo que la industria del espectáculo apruebe protocolos de salud que impliquen un peso mínimo para salir en pantalla, no veo que nadie haga nada al respecto... No lo veo. No.

Y ahí está la obra de María.

Léanla, por favor, damas y caballeros, léanla, y a ver si, tal vez, se les ocurren formas de reconsiderar el modelo de civilización en el que nos revolcamos como cerdos ansiosos e inseguros. Yo sólo veo una solución posible para nuestros problemas como sociedad: la extinción. Pero, claro, yo soy un dramaturgo madrileño; el pesimismo es intrínseco a mi profesión.

Ramón Paso.
Madrid, 12 de diciembre de 2025.

Personajes

Sara
Cristina
Rosa
Nuria
Julián
Elena

5  1

ACTO 1

Escena 1.

Habitación de SARA. SARA *está sentada en la silla de su tocador con el móvil. Está escuchando música mientras mira alguna red social. Al pasar la canción, salta un anuncio.* «En el mundo cerca de doscientos millones de niños sufren algún tipo de desnutrición. Más de ocho mil quinientos niños mueren al día como consecuencia de la falta de alimentos. Tú puedes ayudarlos. Envía...». SARA *para el anuncio, deja el móvil en la mesa y, tras mirarse en el espejo y retocarse los labios, intenta sacarse unas fotos.*

SARA   Joder, qué horror. Salgo feísima.

(Sale a escena CRISTINA. *Se trata de una mujer demasiado arreglada. Va inmediatamente a mirarse en el espejo.)*

CRISTINA   ¿Qué tal me queda?

SARA   *(Sin levantar la mirada del móvil.)* Bien.

CRISTINA   Pero si no me has mirado.

SARA   (*Mirándola.*) Sí te he mirado.

            (SARA *se levanta a coger el bolso.* CRISTINA *continúa mirándose en el espejo.*)

CRISTINA   ¿Seguro que no me hace gorda? (SARA *se desploma en el suelo.* CRISTINA *se agacha a su lado y la zarandea intentando que recupere la consciencia.*) ¡Sara! ¡Sara!

            (CRISTINA *saca el móvil del bolsillo y llama a emergencias.*)

Escena 2.

Consulta de psiquiatría de urgencias. ROSA se encuentra revisando el informe de la paciente. SARA y CRISTINA abren la puerta de la consulta.

ROSA   ¿Sara Martínez?

CRISTINA   Sí.

ROSA   Pasen. Tomen asiento. Soy Rosa, la psiquiatra de urgencias del hospital.

CRISTINA   ¿La psiquiatra?

ROSA   Sí. La psiquiatra de urgencias.

CRISTINA   Mi hija se ha desmayado. Puedes leerlo ahí. *(Señala el informe.)* ¿Mi hija se desmaya y nos pasan contigo? No entiendo nada.

ROSA   Entiendo su desconcierto, señora. Sin embargo, hemos encontrado...

CRISTINA   *(La interrumpe.)* No creo que tenga mucho sentido. No es que dude de usted, pero no me parece la más indicada para dar los resultados de una analítica. ¿No puedes pasarme con un médico de verdad?

ROSA   Señora, le pido que me deje hacer mi trabajo.

CRISTINA   Mi hija no está loca.

ROSA   Hemos encontrado unos valores muy bajos en la analítica de esta mañana y nos ha parecido raro que estuviesen así en una chica sin ningún antecedente médico importante como es el caso de Sara.

CRISTINA   *(Preocupada.)* ¿Unos valores bajos?

ROSA   Sí, muy bajos.

CRISTINA   ¿Y eso por qué puede ser?

ROSA   Hemos visto que presenta una anemia bastante grave y disminución en los niveles de algunas vitaminas. También los estrógenos y niveles de LH y FSH están bajos. Los andrógenos están elevados. Estas son las hormonas que ayudan a regular la menstruación.

CRISTINA   ¿Qué quiere decir?

ROSA   La alteración en los niveles de todas estas hormonas y vitaminas en chicas jóvenes suele deberse a una disminución en la ingesta de nutrientes.

CRISTINA   Pero mi hija come muy saludable. No se ha desmayado por eso.

ROSA   En el informe pone que esta mañana no había desayunado.

CRISTINA   Es que hoy ha hecho ayuno, pero eso no tiene nada que ver. A veces lo hacemos y nunca se ha desmayado. Es bueno para su salud.

ROSA   ¿Sara, haces algún tipo de dieta?

CRISTINA   Mi hija cuida mucho su alimentación. Igual que yo. Es muy importante. Estar gordo no es sano, es peligroso.

ROSA   ¿Me deja hablar un momento a solas con Sara?

CRISTINA   ¿Cómo?

ROSA   Creo que es lo más conveniente. Además, hay una parte de la entrevista que por protocolo debemos hacerla con la paciente a solas. Sara ya es mayor de edad.

CRISTINA   (*Algo molesta.*) De acuerdo.

            (*Mutis de* CRISTINA.)

SARA   ¿Por qué has hecho eso? No creo que haya ningún protocolo.

ROSA   Lo hay.

SARA   ¿Por qué le has pedido que se vaya?

ROSA   Porque necesito que seas sincera conmigo y mi experiencia es que lo sois más si no tenéis a vuestras madres delante. Voy a hacerte unas preguntas que posiblemente te resulten incómodas, pero esos valores de la analítica son peligrosos para tu salud.

SARA   Dudo que lo sean. Solo me desmayé. Eso le pasa a todo el mundo, no es nada raro. ¿Qué pasa? ¿No te ha gustado su comentario?

ROSA   ¿Qué comentario?

SARA   El de que estar gordo no es sano. Creo que piensas que no tiene razón porque la verdad asusta. ¿No es así?

ROSA   Voy a ser directa. ¿Te da miedo estar gorda?

SARA   No quiero estarlo.

ROSA   ¿Intentas no estarlo?

SARA   Como todo el mundo. Lo que pasa es que no todos son capaces de conseguirlo, entonces se inventan un discursito *empoderante* para sentirse mejor con ellos mismos.

ROSA   ¿Piensas que estás gorda?

SARA   A veces. Por eso intento no estarlo.

ROSA	¿Y qué haces para intentar conseguirlo? (*Silencio.*) ¿Evitas comer alimentos que piensas que te harán engordar?
SARA	¿Hay algo malo en eso?
ROSA	¿Cuánto tiempo llevas haciéndolo?
SARA	No lo sé. ¿Un año? No estoy segura.
ROSA	¿Antes pensabas que estabas gorda?
SARA	No es que lo pensase, es que lo estaba.
ROSA	¿Y ahora qué piensas? ¿Sigues pensando que lo estás?
SARA	Ya me queda menos.
ROSA	¿Menos para qué?
SARA	Para pesar treinta y seis kilos y conseguir el cuerpo que deseo.
ROSA	¿Y ese cuerpo cómo es?
SARA	Delgado. Muy delgado. Sin absolutamente nada de grasa.
ROSA	Sara, voy a ser sincera contigo. Creo que te preocupas en exceso por lo que comes. Ahora mismo tienes una falta de vitaminas muy grande. El calcio también lo tienes bajo. Posiblemente

no tengas ni la regla con estos niveles hormonales. ¿Hace cuánto tiempo que no te baja? Si sigues así, te vas a morir. ¿De verdad quieres eso? Sé que no es agradable, pero lo mejor para ti es ingresar unos días en planta. Allí podremos ayudarte.

SARA   Yo no necesito ayuda.

ROSA   Tienes un trastorno, Sara. Una enfermedad mental.

SARA   Yo no necesito que me controlen. A mí me gusta estar así.

ROSA   Necesitas ayuda, aunque ahora no quieras verlo. Yo podría ingresarte ahora mismo, pero mi experiencia dice que no es positivo ingresar a una persona con trastorno de la conducta alimentaria de manera involuntaria, porque sois menos colaboradores. Aunque también pienso que eso es lo mejor para ti.

SARA   No pienso hacerlo.

ROSA   (*Le entrega unos papeles informativos.*) Te voy a dar estos papeles con información sobre la planta. Ahí aparece un teléfono, puedes llamar si cambias de opinión. Te vendría bien pedir ayuda.

            (SARA *coge los papeles y se levanta muy alterada.*)

SARA

SARA ¿Y qué coño sabrás tú?

ROSA Soy psiquiatra especializada en trastornos de la conducta alimentaria.

SARA Solo eres una puta gorda. ¿Cuál ha sido tu último régimen? ¿Un fracaso otra vez? No tienes ni idea.

(SARA *inicia el mutis. Sale a escena* CRISTINA.)

CRISTINA ¿Qué pasa?

SARA ¡Nada!

(*Mutis de* SARA. CRISTINA *la sigue.*)

ROSA Espere. (CRISTINA *se gira.*) Necesito hablar con usted.

CRISTINA ¿Qué pasa?

ROSA Su hija tiene anorexia.

CRISTINA Mi hija se ha desmayado.

ROSA Se ha desmayado porque está desnutrida. No come porque piensa que va a engordar. Tiene pánico a ganar peso.

CRISTINA Mi hija se cuida. Por eso ha adelgazado. Antes estaba gorda, pero este último año, con todo su esfuerzo, ha conseguido perder esos kilos de más.

ROSA   Su hija pesa cuarenta kilos. Su índice de masa corporal es muy bajo.

CRISTINA   Yo la veo bien.

ROSA   Los padres a veces son incapaces de ver lo que les ocurre a sus hijos. Cristina, su hija necesita tratamiento psicológico y psiquiátrico. No solo tomar unos suplementos y vitaminas. Tiene una enfermedad mental que le hace ver su cuerpo distorsionado. Pesa cuarenta kilos y me ha dicho que todavía no está lo suficientemente delgada. Quiere llegar a los treinta y seis kilos. Está obsesionada con bajar de peso.

CRISTINA   Yo creo que no es así. Se preocupa por su aspecto como cualquier joven.

ROSA   Lo mejor sería que ingresase un tiempo en planta. Allí podríamos ayudarla. Se lo he lo he dicho a ella y, como suele ser habitual, ha dicho que no piensa hacerlo.

CRISTINA   Normal. Yo jamás he visto a una persona normal aceptar un ingreso en un psiquiátrico. (*Pausa.*) ¿Nos va a recetar las vitaminas? Es a lo que hemos venido.

ROSA   Aquí las tiene. *(Pausa.)* Si en algún momento nota algo diferente en Sara, no dude en venir. Siempre habrá alguien que pueda ayudaros.

Escena 3.

Habitación de Sara. Sara, *muy sudorosa, hace sentadillas cada vez más rápido.* Cristina *interrumpe la sesión de deporte.*

SARA   ¿Por qué no llamas al entrar?

CRISTINA   ¿Qué haces?

SARA   Deporte. ¿No lo ves?

CRISTINA   ¿Llevas mucho?

SARA   Veinte minutos. (Sara *continúa haciendo sentadillas.* Cristina *se queda observándola sin darse cuenta.*) ¿Puedes parar?

CRISTINA   ¿De qué?

SARA   De mirarme. No me gusta que me miren cuando hago deporte.

CRISTINA   No entiendo por qué no te gusta que te miren. Ya te molesta haciendo cualquier cosa.

SARA   No tienes que meterte en mis cosas. Me molesta y punto.

CRISTINA   Antes estaba pensando en todo lo que nos dijo esa psiquiatra el otro día.

SARA   *(Deja de hacer sentadillas.)* ¿Por qué?

CRISTINA   Porque me dijo que lo mejor era que ingresaras.

SARA   *(Nerviosa.)* ¿Te dijo eso?

CRISTINA   Aunque yo creo que a la que le hace falta ingresar es a ella. Nunca había visto a alguien con tanta imaginación. Si los psiquiatras quieren ingresar a todo el mundo, normal que luego digan que hay tantos locos. Y que faltan tantos psicólogos. *(Silencio.)* He preparado sopa de sandía para merendar. Creo que me ha quedado muy rica.

SARA   Bajo cuando termine de hacer los ejercicios.

CRISTINA   Te preparo un bol. He mirado la receta, creo que llena mucho y tiene muy pocas calorías.

   (Mutis de CRISTINA. SARA *vuelve nerviosa a hacer sentadillas. Cuando no puede más con la angustia, cae al suelo llorando. Saca del bolsillo el papel que le dio la psiquiatra. Lo mira y marca el número en su móvil.)*

ROSA   Rosa Morales.

SARA   ¿Qué coño le dijiste el otro día a mi madre?

ROSA   Perdona. ¿Quién eres?

SARA   ¿De verdad me estás preguntando eso? ¿Destrozas la vida a tantas personas que ni te acuerdas?

ROSA   Sois muchos pacientes. ¿Cuáles son tus apellidos?

SARA   Martínez Casas. ¿En serio no te acuerdas? (*Silencio.*) Acordarte es parte de tu trabajo.

ROSA   Mi trabajo es ayudaros.

SARA   Yo no te he pedido ayuda.

ROSA   ¿Seguro? (*Silencio.*) No has tardado ni una semana en llamarme después de salir corriendo de mi consulta. No te juzgues, pedir ayuda está bien. Es el primer paso.

SARA   ¿El primer paso para qué?

ROSA   Para que todo vaya mejor. Aunque sea un poco.

SARA   O para joderme más.

ROSA   Prueba. Ven mañana. Estoy segura de que te va a venir bien.

Escena 4.

Consulta de psiquiatría. Rosa *habla por teléfono. Llaman a la puerta. Se abre. Sale a escena* Sara.

ROSA   Pasa. *(Al teléfono.)* Un momento, Paula. Ahora te aviso, que acaba de entrar una paciente. *(Cuelga el teléfono.)* ¿Cómo te encuentras, Sara? ¿Estás más tranquila?

SARA   Supongo.

ROSA   ¿Has pensado en lo que te propuse ayer?

SARA   No estoy segura.

ROSA   Creo que te va a ayudar. Confía en mí.

SARA   ¿Por qué?

ROSA   Supongo que no te queda otra. No te conozco de nada. ¿Para qué iba a querer hacerte daño? Sé que te asusta ingresar, es normal que tengas dudas. *(Pausa.)* ¿Qué es lo que más miedo te da?

SARA   Dejar de tener control.

ROSA   Eso puede ser bueno. A veces tener que decidir nos agobia. No te voy a engañar. Vas a tener que seguir las normas de la planta y no vas a poder decidir ni la comida ni tus horarios. Tampoco vas a poder hacer deporte. Eso te va a poner nerviosa, y es normal, pero es importante que sigas estas indicaciones para poder mejorar.

SARA   Me da miedo echar a perder todo lo que he conseguido estos meses. Me aterra engordar.

ROSA   Intentaré que eso sea lo menos doloroso posible, pero tienes que ganar peso, Sara. Estás al límite. Si sigues así va a empezar a dañarse todo tu cuerpo de forma irreversible. ¿No tienes dolores de cabeza? ¿No has notado que se te ha empezado a caer el pelo? ¿No sientes frío todo el tiempo? La semana pasada viniste porque te habías desmayado.

SARA   Pero yo quiero estar más delgada.

ROSA   ¿Por qué?

SARA   Porque las gordas son feas, invisibles, no importan, son asquerosas. No están sanas. ¡Nadie se fija en ti si estás gorda! ¡Una gorda no puede ser perfecta!

(*Silencio.*)

ROSA   Es normal que pienses así porque cuando estás gorda casi nadie se fija en ti. Te pasas el día escuchando frases como «eres guapa de cara» o «no estás mal para ser gorda» y eso genera mucha inseguridad. La mayoría somos superficiales y queremos gustar. Por eso tú estás así y por eso las gordas nos escondemos en ropa que nos hace parecer más delgadas. Puede que si una persona con obesidad adelgazase, fuese para mejorar su salud. Tener sobrepeso es un factor de riesgo para muchas enfermedades. Pero lo tuyo no tiene que ver con estar sana. A ti eso te da igual. Solo te importa ver tus costillas y tus clavículas cada vez más marcadas, aunque tengas que sacrificar tu salud. ¿Por qué has venido? Aquí vamos a obligarte a comer, no te vamos a dejar hacer ejercicio, no vas a poder hincharte a laxantes...

SARA   Yo no me hincho a laxantes.

ROSA   Mejor. Pero lo que te quiero decir es que te vamos a retirar, con tu consentimiento, todo ese control que crees tener. ¿Qué ha sido lo que ha hecho que vinieses?

SARA   No lo sé.

ROSA   ¿Qué ha sido?

SARA   He dicho que no lo sé.

ROSA   Piensa en ello. Seguro que hay algún motivo. Cuando lo sepamos, podremos trabajar en ello.

SARA   Creo… (*Silencio. Muy nerviosa.*) Quiero ter-
          minar con la angustia. La siento todo el rato.
          Cada vez que como, cada vez que hago ejer-
          cicio, cuando duermo. No se va. Siempre está
          ahí. Tengo la sensación de que la angustia solo
          se terminará si adelgazo, pero lo hago y no es
          suficiente. Nunca es suficiente.

ROSA   Puedes acabar con ella sin adelgazar, aunque
          ahora te parezca que no. Te vamos a ayudar,
          pero para ello tienes que seguir las normas.
          (SARA *asiente.*) Ahora vas a subir a la planta.
          Te asignarán una habitación y, a la una, llega-
          rá la comida. De momento, voy a confiar en
          ti e iremos adaptando la dieta de forma pro-
          gresiva, pero necesitamos que te comas todo
          lo que traiga la bandeja. Sea lo que sea. Te gus-
          te o no. No importa el miedo que te dé.

SARA   No sé si voy a poder.

ROSA   Te daremos una pastilla para ayudarte y si no
          eres capaz de comer, te sondaremos porque
          estás en una situación grave. Necesitamos que
          mejores. Si no eres capaz de hacerlo sola, ten-
          dremos que intervenir. ¿De acuerdo?

SARA   ¿No me puedo negar?

ROSA   Una vez aceptes el ingreso no podrás hacerlo.

Escena 5.

Planta de psiquiatría. SARA, *sentada en una silla, ante una mesa del comedor, juguetea con un pequeño hilo de la manga del pijama. A su lado, en la mesa contigua, está sentada* NURIA, *una joven esquelética que lleva una sonda nasogástrica.*

NURIA   ¿Tu primer ingreso?

SARA   Sí. ¿Y el tuyo?

NURIA   Ojalá. Aquí creo que es la cuarta vez. Contando otros centros, llevaré unos diez. Cuando pasé de los cinco, dejé de contarlos. Algunas solo necesitáis uno. Espero que tengas más suerte que yo.

SARA   A lo mejor este es el último.

NURIA   No te haces a la idea de la de veces que me han dicho esa frase.

SARA   Perdona.

NURIA   No pasa nada. *(Pausa.)* Soy Nuria.

SARA   Yo soy Sara.

NURIA   Si te agobia la comida de hoy, escóndela. La enfermera la tiene tomada conmigo y va a estar con la vista puesta en mí todo el rato. Hazlo cuando se me acerque y luego la tiras a una papelera. Toma este trozo de papel. Si utilizas la servilleta de la bandeja, se darán cuenta.

SARA   Gracias.

NURIA   Aquí solo podemos entendernos entre nosotras. Voy a ponerme allí, que a las anoréxicas no nos dejan sentarnos cerca. Recuerda, la culpa siempre es más grande que el hambre. (*Sale a escena* JULIÁN, *un celador que empieza a repartir las bandejas. Al llegar a la mesa de* SARA, *coge el yogurt y quita la etiqueta. Después va a la mesa de* NURIA *y hace lo mismo.*) ¿Te piensas que no me sé las calorías? Ochenta y seis. (SARA, *todavía más nerviosa, vuelve a juguetear con el hilo del pijama mientras mira la sopa y las albóndigas. Finalmente da un par de cucharadas a la sopa alternándolas con sorbos de agua.*) Que te obliguen a comer es una absoluta mierda, pero que, encima, la forma de «curarnos» sea comer este veneno del hospital… Si ya me hincháis a batidos por la sonda. ¿Por qué me obligáis a comer esto? ¡No tengo hambre!

(SARA *aprovecha que todas las miradas están puestas en* NURIA *para esconder en el trozo de papel las tres albóndigas. Sale a escena* ROSA, *que se acerca rápidamente hasta* SARA.)

ROSA   (*Muy seria.*) ¿Qué te has guardado en el bolsillo?

SARA   Nada.

ROSA   Sara, te he visto. ¿Las tres albóndigas? ¿De verdad?

NURIA   No va a esconderse la sopa, no te jode.

ROSA   Sara, que es el primer día. Ponlas de nuevo en el plato.

        (SARA *obedece y las coloca en el plato.*)

SARA   Es demasiado, no puedo con tanto.

NURIA   Es su primer día. ¡Intentad entenderla!

ROSA   Nuria, céntrate en comerte lo tuyo. (*A* SARA.) Ya te lo avisé esta mañana. Si no te terminas la comida, te sondamos. Para que te recuperes hace falta que te alimentes.

SARA   No pienso comerme todo esto.

ROSA   Pues ya sabes lo que vamos a hacer.

SARA   (*Agresiva.*) No pienso tomar ni una cucharada más.

ROSA   Está bien, pero cuando todos terminen de comer te pondremos la sonda.

(*Mutis de* ROSA.)

NURIA   No es normal lo que le estáis haciendo. No lo es. Es su primer día y ya vais a sondarla. Cuando nos entendáis lo mismo empezáis a curarnos. Meteos la sonda por el puto culo, si es que os entra algo. Está llorando y nadie intenta consolarla. Esto no es humano. Su primer día y está así. ¿Por qué no hacéis algo? Nunca hacéis nada. (NURIA *se acerca a* SARA.) No te preocupes. Igual que un día ingresas, otro te vas de alta.

SARA   No sé para qué coño he venido.

NURIA   ¿Has venido tú?

SARA   Sí.

NURIA   Joder. A mí me encierran mis padres cuando se enteran de que he dejado de comer.

SARA   Mi madre no tiene ni idea de todo esto. Se habrá enterado esta mañana. No sé qué pensará, pero me intentará sacar de aquí.

NURIA   Me das mucha envidia. Ojalá mis padres fueran así. (*Pausa.*) La sonda no duele tanto, solo es incómoda. Da un poco de miedo verse con ella la primera vez, pero te acostumbras.

SARA   Me da más miedo lo que me metan por ella.

NURIA   Siempre tapan lo que lleva. Una vez lo bus-
            qué en internet y la mayoría son bombas ca-
            lóricas.

            (SARA *comienza a dar vueltas a la sopa con la
            cuchara.*)

SARA   *(Mira con asco la sopa.)* ¿Tú te la vas a comer?

NURIA   ¿Para qué? Me van a enchufar el batido de to-
            das formas.

SARA   ¿Por qué nos obligan a comer?

NURIA   Yo siempre he pensado que nos tienen envi-
            dia. ¿No te pasa que admiras a las chicas que
            son más delgadas que tú?

SARA   Muchísimas veces.

NURIA   Pues yo a veces pienso que a ellos les pasa
            lo mismo, pero son incapaces de soportarlo
            y por eso intentan cambiarnos. Son médicos
            y se han pasado toda su vida acostumbrados
            a ser los mejores en todo. De repente no lo
            son en algo y su vida se va a la mierda. A
            partir de ahí, no importa lo que tengan que
            sacrificar o lo que tengan que hacer para con-
            seguirlo. La diferencia es que algunos esco-
            gen el camino fácil y otras elegimos el com-
            plicado.

SARA   Supongo que tienes razón. Todo el mundo
            quiere ser delgado. Si te dieran a elegir, nadie
            escogería estar gordo.

NURIA   Por mucho que lo intenten, van a ser incapa-
            ces de cambiarte. La sonda te la quitarán tar-
            de o temprano. Entonces, cuando adelgaces,
            tendrá todavía más mérito.

Escena 6.

Consulta de ROSA. ROSA *revisa unos informes. Sale a escena* SARA, *con una sonda nasogástrica conectada a la nutrición que lleva colgada en el porta sueros.*

SARA   ¿Me quitas ya esta mierda?

ROSA   *(Mientras continúa revisando los informes.)* Espera un minuto.

SARA   Esto que me estáis haciendo no es bueno.

ROSA   Necesitas nutrirte, ya lo sabes.

SARA   ¿Qué lleva? *(Silencio.)* Los pacientes tenemos derecho a saber lo que nos metéis.

ROSA   *(Levanta la mirada del informe.)* Los pacientes tenéis derecho a la información siempre que no perjudique el proceso terapéutico o ponga en riesgo vuestra vida.

SARA   ¡Dímelo! *(Silencio.)* ¿Qué más da que me lo digas? Ya no voy a poder hacer nada. Esta mierda lleva tres horas cayendo gota a gota.

¿Piensas que voy a poder vomitarlo? Ni siquiera sé vomitar, joder.

ROSA   ¿Cómo te sentaría saberlo?

SARA   Mal, pero eso no importa. Lo que importa es poner remedio.

ROSA   No hace falta compensar lo que comemos.

SARA   Si no lo compenso, me pondré gorda.

ROSA   Controlar tu peso no va a hacer que controles tu vida. (ROSA *ve que el envase de la nutrición ya está vacío y se levanta a quitárselo.*) Esta noche van a traer la cena y si no te la comes, tendremos que ponerte de nuevo la nutrición por sonda. Piénsalo. Si te quieres recuperar en algún momento, tendrás que empezar a comer. Llevas más de dos meses así y la sonda no te puede acompañar siempre. Ahora tengo una reunión. Vendré luego, a la hora de cenar. Haz las cosas bien.

(*Mutis de* ROSA. SARA *regresa a su habitación y ve a* JULIÁN, *que lleva un rato observándola.*)

SARA   ¿Qué pasa? Deja ya de mirarme. ¿Te piensas que no te veo todos los putos días?

(JULIÁN *se acerca a* SARA.)

JULIÁN   A los hombres nos gusta mirar a las chicas bonitas.

SARA   No me digas todas estas mierdas, que ahora mismo no me apetecen y tampoco hacen falta para que te la chupe.

JULIÁN   Qué rápido… Las guapas no soléis ir tan deprisa.

SARA   ¿Ahora me tengo yo que creer que tú te has follado a muchas tías guapas?

JULIÁN   Aunque pienses que no, los feos también follamos.

SARA   Porque hay mujeres feas. O mujeres que no tienen otra cosa a mano, como es mi caso.

JULIÁN   Déjame darte un beso.

          (*Se besan y* JULIÁN *intenta acariciarle la cara.*)

SARA   ¡Eh! Sin mariconadas. Bájate los pantalones.

JULIÁN   Joder. Pensaba que las jóvenes erais más románticas.

SARA   Si quieres follar, bájate los pantalones y cierra la puta boca.

          (JULIÁN *obedece y* SARA *empieza a hacerle una mamada.*)

JULIÁN   ¿Me dejas que te la meta?

(SARA *levanta la cabeza, duda un instante y se quita rápidamente el pantalón del pijama y las bragas.*)

SARA   Pero no me mires.

JULIÁN   ¿Cómo?

SARA   A mí. ¡Que no me mires! (JULIÁN *mira hacia otro lado muy incómodo.*) Métemela ya.

JULIÁN   ¿Ya? Pero si ni te he tocado.

SARA   Cállate y hazlo.

(SARA *se pone a cuatro patas.* JULIÁN *la folla.*)

JULIÁN   Las anoréxicas me ponéis muy cachondo. Se os nota todo.

(SARA *se aparta.*)

SARA   Vete a la mierda.

JULIÁN   ¿Qué pasa?

SARA   Eres un imbécil. ¡Y yo no soy una anoréxica! ¡Lárgate! (JULIÁN *inicia mutis.* NURIA *sale a escena.*) Y que sepas que follas fatal.

JULIÁN   ¿Qué esperabas?

(*Mutis de* Julián.)

NURIA | Ya te has estrenado. Al menos ha sido con un celador que está obligado a pasar un reconocimiento médico cada doce meses. No es para tanto. Podría haber sido un putero depresivo con ideas pedófilas que no se atreve a follarse a sus tres hijas. (*Pausa.*) ¿Qué? Aquí no es algo raro. Cumplen sus fantasías y vuelven a casa a seguir con el día a día como si nada. (*Pausa.*) Si te anima, puedes pensar que follar es bueno para adelgazar. Hace unos meses leí en internet que se pierden unas cien calorías. Además, llevas más de dos meses sin la regla. Es un buen momento para cagarla sin movidas. La primera vez que ingresé dejé que me diese por culo un maricón que se acababa de intentar suicidar porque se había enterado de que tenía sida. Ese día había conseguido ver mi peso en un informe de la enfermera y me pareció buena idea. Al menos venía con condones y con la dosis de tranquilizantes extra para no enterarme de nada. (*Pausa.*) Sé que jamás te lo hubieses tirado fuera, pero aquí es distinto. No has elegido tan mal, este hace favores a los que no podemos decir que no. ¿Qué te ha dado? ¿Una caja de laxantes? ¿Unas pastillas adelgazantes? (*Silencio.*) ¿Nada? ¡Joder, tía! Tienes mucho que aprender todavía.

(*Mutis de* Nuria. Sara *se tuerce el dedo índice de la mano izquierda. Grita de dolor.*)

ACTO 2

Escena 1.

Consulta de Rosa. *Sale a escena* Sara *con la mano vendada.*

SARA   Quiero que me des el alta.

ROSA   Ayer te fracturaste un dedo.

SARA   Se arreglará. *(Silencio.)* Me agobié.

ROSA   ¿Te agobiaste? Todos nos agobiamos y no reaccionamos así.

SARA   ¿Y a ti qué más te da?

ROSA   Eres mi paciente. Quiero que mejores.

SARA   Pues lo haces fatal. He empeorado. *(Le muestra la mano vendada.)* ¿Ves esto? Por obligarme a comer.

ROSA   Te aseguro que no.

SARA   Tú me has metido esa mierda hipercalórica gota a gota por la nariz. ¡Eso es veneno! *(Pausa.)* Quiero el alta.

ROSA   Necesitas estar ingresada.

SARA   ¡Dámela! Tengo derecho a que me la deis.

ROSA   Ya no. Un juez ha autorizado el ingreso involuntario.

SARA   ¿Por qué coño has hecho eso?

ROSA   Porque sabía que me la ibas a pedir y es peligroso que la recibas ahora. Te estás haciendo mucho daño a ti misma.

SARA   El daño me lo estáis haciendo vosotros. No aguanto más.

ROSA   Estos procesos son lentos. Te va a hacer falta paciencia. Solo llevas dos meses.

SARA   ¿Y tú piensas que ha servido para algo? Nunca he estado peor que aquí. Todos están locos. ¡Locos! Hasta tú. Hay borrachos, yonquis, esquizofrénicos. ¿Qué va a ser lo próximo que me voy a cruzar? Ingresando en este sitio lo único que puedes conseguir es salir peor de lo que entras. ¡Lo único!

ROSA   Espera unos días, Sara.

SARA   Dame el alta o te denunciaré por esto. (ROSA *empieza a escribir en un informe.*) No puedes encerrarme aquí sin mi consentimiento. Estoy bien, no estoy loca. (*Pausa.*) ¿Me escuchas? ¡Tú, gorda de mierda! Contéstame. (SARA *golpea la mesa.*) ¡Que me hagas caso! Tu puto trabajo es hacerme caso. Te pagan por eso. Déjame llamar a mi madre.

ROSA   (*Levanta la cabeza.*) Mañana en el horario de llamadas podrás hacerlo. ¿Para qué quieres hablar con ella?

SARA   Para que me saque de aquí.

ROSA   No estás en una clínica privada, con un ingreso involuntario ella tampoco puede.

SARA   ¿Y quién puede sacarme de aquí?

ROSA   Tú misma. El problema es que la forma de conseguir el alta no es la que te gustaría. Tienes que esforzarte y no del modo en el que estás acostumbrada. (*Pausa.*) No depende de nadie más. Solo de ti.

SARA   Has hecho que me metan un tubo que va de la nariz al estómago y me he partido un dedo por tu culpa.

ROSA   No te has partido un dedo por mi culpa. (*Silencio.*) Lo hiciste porque sentiste rabia por no poder castigarte por el batido que te pusimos.

SARA   No me entiendes. Estar gorda solo va a hacer que me sienta peor.

ROSA   Para recuperarte, primero tienes que ganar peso. Algunos valores de la analítica siguen descompensados. Cuando consigamos regularlos, dejarás de sentir debilidad todo el rato y empezarás a sentirte más fuerte. Todo eso te ayudará a mejorar, hazme caso.

SARA   ¿Cómo va tu dieta? (*Silencio.*) ¿Qué pasa? ¿Ahora no respondes? ¿No vas a decirme nada?

ROSA   Sara, si no te tranquilizas, voy a tener que subirte la medicación.

SARA   ¿En serio piensas que con cuatro pastillas vas a conseguir algo? Me das pena.

(*Mutis de* SARA *dando un portazo. Silencio.* ROSA *saca del bolso una botella de agua y un blíster con pastillas. Coge una y se la toma.*)

Escena 2.

Planta de psiquiatría. NURIA *se sienta al lado de* SARA.

NURIA   ¿Qué te ha pasado?

SARA   Me he partido un dedo.

NURIA   No pensaba que estuvieses así de mal.

SARA   *(Le sube las mangas de la camiseta del pijama.)* ¿Y me lo dices tú que tienes más cicatrices que piel?

NURIA   A veces es la única forma de aliviar la ansiedad. No queda otra. Es eso o pensar en morirme. Y no siempre estoy segura de querer hacer lo segundo. Lo mío tiene sentido. *(Le coge la mano.)* ¿Qué has ganado con esto?

SARA   No lo hice a propósito.

NURIA   ¿Y por qué lo hiciste?

SARA   Rabia.

NURIA   Podría haber sido peor.

SARA   ¿Peor? Es un cerdo. No ha dejado de mirarme las tetas desde que ingresé.

NURIA   Es lo que pasa cuando un tío quiere follar contigo. A mí me encanta que me miren. Todo este esfuerzo tendrá que servir para algo.

SARA   ¿Lo haces por ellos?

NURIA   Y por ellas, da lo mismo. La cosa es gustar. Y para conseguirlo hace falta estar guapa.

SARA   Odio que me miren. Pienso que es porque han visto algo que no les gusta.

NURIA   ¿Si miras a alguien te fijas en eso?

SARA   Cuando me miro a mí lo hago.

(*Sale a escena* ROSA.)

ROSA   Nuria, tienes que sentarte en otra mesa. Ya sabes que no podéis comer juntas.

NURIA   Solo estábamos hablando un rato. ¿Eso tampoco se puede?

ROSA   Pues no estoy segura. **¿Os venís bien?**

(*Sale a escena* JULIÁN. *Reparte las bandejas de la comida.*)

NURIA   Muy bien.

(NURIA *obedece y se sienta en otra mesa.*)

JULIÁN   Siento lo de la mano.

SARA   Da igual.

JULIÁN   ¿Te duele?

SARA   Están inflándome a pastillas.

JULIÁN   (*Bromea.*) Lo hacen con todos. No es nada nuevo.

SARA   ¿Te hace gracia?

JULIÁN   Solo era una broma.

SARA   Déjalo.

(ROSA *se acerca a* SARA. *Lleva un vasito con pastillas.*)

ROSA   Sara, te traigo las pastillas. (SARA *las coge y las deja en la bandeja.*) Tómatelas ahora.

SARA   ¿Por qué?

ROSA   Porque tengo que asegurarme de que te las tragas.

SARA   ¿Y si no lo hago? ¿Me las vais a meter también por la sonda?

Rosa   Podríamos, pero si quieres que la angustia baje ya, tómatelas.

Julián   Te vendrán bien.

Sara   (*A* Rosa.) ¿Cuál es esta?

Rosa   Lorazepam.

Sara   Esa no la tomé en la comida de ayer.

Rosa   Te la he añadido. Es para que estés más tranquila. (Sara *se toma las pastillas.* Rosa *espera a que trague.*) Abre la boca. (Sara *obedece.*) Muy bien. Ahora cómete todo. Si lo haces, no te ponemos nada por la sonda.

                (Rosa *se aleja.* Sara *escupe la última pastilla que había escondido debajo de la lengua.*)

Sara   A mí no me vais a dormir.

Julián   Te vendría bien tomarla.

Sara   Sí, claro.

Julián   No deberías hacer eso.

Sara   ¿Ahora me vas a decir tú lo que tengo que hacer?

Julián   Solo intento ayudarte.

SARA	¿No será que necesitas hacer algo para no sentirte culpable por haberme follado?
JULIÁN	Eres muy retorcida.
SARA	¿Me equivoco?
JULIÁN	Quiero ayudarte.
SARA	Si de verdad quieres eso, llévate mi bandeja sin que te vean.
JULIÁN	Eso no es ayudarte.
SARA	¡Y una mierda!

(SARA *le tira la bandeja de comida encima.* ROSA *corre hacia ella.* NURIA *aprovecha la oportunidad y esconde parte de la comida en una servilleta que tiene guardada en el bolsillo.*)

ROSA	¿Qué haces, Sara?
SARA	Déjame.
ROSA	(*Le pone la mano en el hombro.*) Cálmate, Sara. Por favor.
SARA	(*Se aparta.*) No me toques. Déjame en paz. ¿Queréis ayudarme? ¿Es eso lo que queréis? No lo hacéis. ¡Ninguno! Cuando yo ayudo a alguien intento que esté mejor. Vosotros conseguís lo contrario.

51

ROSA   Tranquilízate.

SARA   ¿Eso es lo único que sabes decir? No me voy a calmar. Antes de entrar aquí sí que me tranquilizaba. Sola. Sin ayuda. Aquí no puedo.

ROSA   Sara, ven a mi consulta. Vamos a hablar.

SARA   No me da la gana.

ROSA   Este no es el sitio para ponerse a gritar. Hay gente a la que le gusta comer tranquila. No eres la única paciente.

SARA   ¿Piensas que me importan ahora mismo los demás? ¿Yo les importo a ellos?

ROSA   Puede que precisamente porque te importan demasiado los demás, estés así.

SARA   ¿Y tú qué coño sabrás, ballena?

(SARA *inicia mutis.*)

ROSA   A mí no me importa mi físico.

SARA   ¿Estás segura? A todos nos importa, aunque sea un poquito y por la razón que sea.

(*Mutis de* SARA. ROSA *la sigue.*)

Escena 3.

Habitación de SARA. *Sale a escena* NURIA.

NURIA   ¿Cómo estás? (*Silencio.*) No te preocupes, Sara. No ha sido para tanto. Aquí es lo habitual. Lo que pasa es que llevas poco tiempo.

SARA   A mí me parece que llevo una eternidad. No puedo más, Nuria.

NURIA   El primer ingreso se pasa mal porque llega de repente y lo cambia todo.

SARA   Siento que nadie intenta ayudarme, todo el mundo me molesta.

NURIA   Si quieres me voy.

SARA   No. Quédate. Tú eres la única que no lo hace.

NURIA   Porque te comprendo.

SARA   ¿Te van a castigar por la comida?

NURIA   (*Saca una servilleta del bolsillo.*) Creen que me he comido todo.

SARA   Si quieres tíralo allí. A mí me van a meter todo
                lo que puedan. Me van a dejar conectada a la
                sonda hasta que consiga salir de aquí.

NURIA   ¿Quieres que te la quite?

SARA   ¿Sabes?

NURIA   No es tan difícil. Solo hay que tirar. He visto
                algunos videos en internet y me la han quita-
                do muchas veces.

SARA   Pero me la van a poner de nuevo.

NURIA   Tardan un rato. Te libras de una comida.

SARA.   ¿Seguro que sabes?

NURIA   Es muy fácil.

SARA   Hazlo.

                (NURIA *se acerca, le quita el trocito de espara-*
                drapo que mantiene la sonda sujeta a la nariz y
                se detiene.)

NURIA   Ni se te ocurra decir que te la he quitado yo.

SARA   No diré nada.

NURIA   Di que se te ha salido. Y no grites cuando te
                la quite.

SARA	¿Por qué iba a gritar?
NURIA	Es incómodo.
SARA	¿Mucho?
NURIA	Un poco. Es mejor no pensarlo. Coge aire. (SARA *asiente y coge aire.* NURIA *tira rápidamente de la sonda y, cuando termina de salir, la tira al suelo del asco.* SARA *tose muy fuerte.*) ¡Para! Que va a venir alguien.
SARA	Joder, que me ahogas. (*Vuelve a toser.*)
NURIA	¡Calla!
SARA	Ni que tosiera a propósito.
NURIA	Pues no hagas ruido. Me he manchado las manos enteras de vómito. (*Se las mira y estira los dedos.*) Por algo se ponen guantes. (NURIA *saca una servilleta del bolsillo del pijama.*)
SARA	Me molesta la garganta.
NURIA	Se te pasará.
SARA	La has sacado muy rápido.

NURIA   Molesta menos. Te lo digo por experiencia.

SARA   ¿Ahora qué hacemos con ella?

NURIA   Quédatela de recuerdo del ingreso, no te jode. Tírala donde sea. Qué más da. Si en cuanto te vean, se van a dar cuenta de que te la has quitado. (NURIA *recoge la sonda con la servilleta.*) Me debes una.

(*Sale a escena* ROSA.)

ROSA   ¿Estás más calmada, Sara?

(ROSA *observa que* NURIA *tiene la sonda en la mano. Inmediatamente desvía la mirada hacia* SARA.)

NURIA   Iba a avisarte de que se le había salido la sonda.

ROSA   Nuria, una sonda no se sale sola. Y una naso-gástrica menos. (*A* SARA.) ¿Te has quitado la sonda?

NURIA   Se ha salido.

ROSA   ¿Te has quitado la sonda, Sara?

SARA   Se me ha salido.

(NURIA *asiente.*)

ROSA   ¿Seguro? (*Pausa.*) Nuria, sal un momento de

la habitación. (*Mutis de* Nuria *vigilando a* Sara.)
¿Te ha quitado Nuria la sonda?

Sara   Se me ha salido.

Rosa   ¿Cómo se ha salido?

Sara   Sola.

Rosa   Estas sondas se pueden mover, pero son demasiado largas como para salirse del todo. (*Silencio.*) No me mientas. (*Silencio.*) ¿Por qué
te la has arrancado?

Sara   ¿De verdad me estás haciendo esta pregunta?
¿En serio eres tan estúpida?

Rosa   ¿Por qué te has quitado la sonda? (*Silencio.*)
¿Y qué harás con la siguiente? ¿Quitártela de
nuevo para que te pongamos el doble de calorías por la noche? ¿Quieres que entremos
en ese bucle? Si hace falta te ataremos a un sillón para que comas y no me moveré de aquí
hasta que no quede ni una miga.

Sara   ¿Por qué me haces esto?

Rosa   Porque yo sí quiero que te cures, aunque tú
insistes en no hacerlo. Mi trabajo es ayudarte en todo lo que pueda, pero tú tienes que
cambiar.

Sara   ¿Me vas a atar?

ROSA   Necesitamos que comas.

SARA   No estoy tan pirada, ¿no?

            (ROSA *le da la mano.*)

ROSA   Aunque no lo creas, yo confío en ti.

Escena 4.

Habitación de SARA. SARA *está atada al sillón con una sujeción en la mano vendada y otra en la cintura.* JULIÁN *le ata la otra mano y se lleva la bandeja. Sale a escena* ROSA. *Al cruzar, mira la bandeja vacía. Mutis de* JULIÁN.

SARA   Quiero potar todo lo que acabo de comer.

ROSA   ¿Te has tomado el lorazepam?

SARA   ¿No lo parece?

ROSA   La gente que lo toma generalmente es la que menos parece que lo ha tomado.

SARA   ¿Cuándo me desatáis?

ROSA   Después del reposo. Intenta relajarte.

(*Mutis de* ROSA.)

SARA   Después del reposo. Después del reposo. ¡Después del reposo! ¡Joder! (*Sale a escena* NURIA.) ¡Nuria!

NURIA   ¿Qué pasa?

SARA   ¿Me metes los dedos?

NURIA   ¿Qué dices?

SARA   En la boca. Para vomitar. Si pudiese te aseguro que preferiría hacerlo yo.

NURIA   ¡Qué *ascazo*! (NURIA *duda un instante.*) Que esto quede entre nosotras. Voy a por la papelera.

SARA   ¿Para?

NURIA   Para que no te potes encima.

            (NURIA *va a por la papelera y vuelve hacia* SARA.)

SARA   ¿Te has lavado las manos?

NURIA   Joder, claro. No soy una guarra. Esto es mejor no pensarlo mucho, da un poco de asco incluso cuando estás acostumbrada. Lo hacemos y ya. (*Se detiene.*) Ten cuidado, no me manches.

            (*Le mete los dedos y le provoca una arcada.*)

SARA   Un momento. (*Pausa.*) Vuelve a intentarlo.

NURIA   Inclina un poco la cabeza hacia abajo. Así.

            (SARA *imita la posición del cuello que* NURIA *le ha indicado. Vuelve a meterle los dedos. Otra arcada.*)

SARA   (*Escupe al suelo.*) Joder. No puedo.

NURIA   ¿Pero lo has hecho alguna vez?

SARA   Siempre me ha dado muchísimo asco, pero hoy me han obligado a comer un plato enorme de pasta. Y pan. Y unas natillas. Tengo que hacerlo.

NURIA   Es que la primera vez es la más difícil. Aguanta cuando te meta los dedos. Esta vez no los voy a sacar ni en la arcada. Tienes que aguantarla para que salga el vómito. Ten cuidado, no me muerdas. La próxima vez que lo hagas será más sencillo. Ya lo verás. La primera es la peor, la segunda es incómoda y cuesta también. Luego ya sale solo.

SARA   ¿Seguimos?

NURIA   Y cuanto antes te provoques el vómito mejor. Sale más rápido. Y está menos ácido. Si esperas mucho te terminas reventando el esófago. Aquí nos cierran el baño y no podemos cogerlo, pero yo prefiero utilizar el palo del cepillo de dientes. Sale todo.

SARA   Calla y hazlo ya, por favor. Prefiero no pensarlo.

     (NURIA *le vuelve a meter los dedos en la boca. Otra arcada que* NURIA *ignora. Sale a escena* JULIÁN. SARA *empieza con un ataque de tos fuerte.*)

JULIÁN   ¿Qué coño hacéis?

(NURIA *se aparta con rapidez.*)

NURIA   Nada.

JULIÁN   Se va a atragantar.

NURIA   ¿Tú no lo has hecho nunca?

JULIÁN   Es asqueroso.

NURIA   Te acostumbras.

SARA   No digas nada de esto.

JULIÁN   Vale, pero una de las dos me la va a tener que chupar.

SARA   Yo estoy atada.

NURIA   Vete a la mierda.

(JULIÁN *inicia mutis.*)

JULIÁN   Estáis muy jodidas.

(*Mutis de* JULIÁN.)

NURIA   ¿Quieres que lo volvamos a intentar?

SARA   Déjalo.

NURIA   ¿No será por lo que te ha dicho este imbécil?

SARA   Da igual.

NURIA   No le hagas caso, no tiene ni idea. No dejes que te condicione lo que diga él. Tienes que hacer lo que te dé la gana.

SARA   Ojalá eso fuese tan fácil.

             (NURIA *mira la barbilla de* SARA*.*)

NURIA   ¿Tienes unas pinzas?

SARA   ¿Qué pasa?

NURIA   Tienes un par de pelos en la barbilla.

SARA   ¿Qué coño dices?

NURIA   Acércate un momento. (*Mira de cerca la cara de* SARA *y baja la mirada a los hombros.*) No es nada. Son muy pocos.

SARA   Yo nunca he tenido ahí.

NURIA   Cuando adelgazas es normal. Además, en los hombros y en la espalda todavía no te han salido. (*Silencio.*) ¿No lo sabías? Si es una de las primeras cosas que los médicos utilizan para asustarte. Eso y que se nos van a caer los dientes a todas las bulímicas. Lo que no te dicen es que es bueno que aparezca porque es

la forma que tiene el cuerpo de ayudarnos a
no tener tanto frío cuando no estamos reple-
tas de grasa como ellas. Y lo de los dientes,
solo se ponen un poco amarillos, ya está.

SARA   ¿Se ven mucho?

NURIA   Yo lo he notado porque estaba muy cerca.

Escena 5.

Planta de psiquiatría. SARA *se acerca al teléfono del control de enfermería y marca un número.*

SARA   No aguanto más aquí.

CRISTINA   Es importante que tengas paciencia.

SARA   Me obligan a comer como una cerda, es deprimente. Solo buscan que coma y me quede sentada todo el día. Parezco una puta enferma.

CRISTINA   Es que estás enferma, Sara.

SARA   ¿Ahora vas a darles la razón?

CRISTINA   No se trata de eso.

SARA   Ayer me ataron al sillón como si fuese un animal. Tengo rozaduras en las muñecas por las sujeciones. ¿Cómo voy a sentirme mejor así? (*Silencio.*) ¿No piensas hacer nada?

CRISTINA   Yo solo quiero que mejores. Tienes que intentar relajarte.

SARA   ¿Relajarme? Aquí es imposible.

CRISTINA   Están ayudándote.

SARA   Quiero volver a casa.

CRISTINA   Para eso tienes que seguir el tratamiento.

Escena 6.

Consulta de ROSA.

SARA   Me pasé muchísimo el otro día.

ROSA   ¿Cómo estás?

SARA   Triste, pero quiero empezar a comer.

ROSA   ¿Y este cambio?

SARA   Pensé que te alegrarías.

ROSA   Y me alegro. Mucho.

SARA   No quiero estar ingresada.

ROSA   ¿Por qué has cambiado de idea? ¿Para salir de aquí?

SARA   Quiero solucionar esto.

ROSA   ¿El qué?

SARA   Lo que me pasa.

ROSA   ¿La enfermedad? (SARA *asiente.*) ¿Y cuál piensas que es la solución?

SARA   Comer. Si como, me recuperaré y me daréis el alta.

ROSA   ¿Y qué harás cuando te la demos?

SARA   Seguiré comiendo.

ROSA   ¿Qué es lo que quieres, Sara?

SARA   No lo sé.

ROSA   Siempre queremos algo.

SARA   Curarme.

ROSA   Además de eso. (*Silencio.*) Debe haber algo que te guste.

SARA   ¿Cómo estás segura de que realmente te gusta?

ROSA   Porque disfrutas con ello.

SARA   ¿Y si solo disfrutas con el resultado? ¿Cómo sabes que haces algo porque de verdad lo quieres hacer y no porque es lo que los demás esperan de ti?

ROSA   Porque no vas a medias.

SARA   Creo que ahora solo puedo pensar en esto.

Escena 7.

Planta de psiquiatría. Sale a escena SARA. NU-
RIA *está haciendo un crucigrama, levanta un momento la vista.*

NURIA   Te han quitado la venda.

SARA   Ya era hora. Llevaba tres semanas con ella.

NURIA   *(Bromea.)* Podrías habérmela guardado por si
          en algún momento necesito ahorcarme por-
          que nos ponen demasiado aceite.

SARA   ¿Te han obligado a echárselo a la ensalada?

NURIA   He dicho que no lo había visto y les he man-
          dado a la mierda cuando han intentado que
          me lo bebiese.

SARA   Yo me lo he tomado. *(Silencio.)* ¿Qué pasa?
          Quiero que me den el alta.

NURIA   Pero es aceite.

SARA   Tenía a Rosa encima todo el tiempo. (NURIA
          vuelve a ponerse con el crucigrama.) ¿Tú no
          quieres salir de aquí?

NURIA   Claro que quiero. Terminarán dándome el alta cuando necesiten una cama para un paciente que esté más grave. Solo hay que tener paciencia.

SARA   Si no ven que mejoras, seguirán pensando que estás grave. No van a darte el alta. ¿No te cansa pasarte el día encerrada haciendo crucigramas y coloreando mandalas?

NURIA   Podría ser peor.

(*Silencio.*)

SARA   ¿Por qué dejaste de comer?

NURIA   Adelgazar era la única forma de conseguir lo que quería.

SARA   ¿Qué querías?

NURIA   Lo que queremos todas. Confianza. Ser gorda es sinónimo de inseguridad. Quieres ponerte un pantalón corto o un bikini con braga brasileña y acabas vestida con un pantalón largo de color negro o con un bañador reductor que te aplasta las tetas. También quieres hacer deporte para adelgazar, pero te da vergüenza verte en el gimnasio o saliendo a correr. Te matas a hacer ejercicio a escondidas y dejas de comer porque es la única manera que tienes de mejorar. Te incomoda que te miren, pero al mismo tiempo te jode pasar desapercibida.

Cuando una chica tiene buen cuerpo y es guapa, no importa cómo sea porque todos muestran interés por ella. Si no lo eres, tienes que convertirte en una chica maja, atenta y divertida. Pero cansa mucho tenerte que comportar así durante semanas para que al menos alguien quiera darte un par de besos a escondidas porque no eres lo suficientemente guapa para que te vean con él. (*Silencio.*) Estar delgada hace que sientas más confianza.

SARA   Pero hay gordas que también la tienen.

NURIA   Se engañan a sí mismas. Solo tienes que fijarte un poco para darte cuenta. Yo lo hice durante mucho tiempo, pero es imposible no tener una voz diciéndote lo horrible que eres todo el rato.

Escena 8.

Consulta de Rosa.

Rosa   ¿Cómo estás?

Sara   Agobiada.

Rosa   ¿Mucho?

Sara   Más que otros días.

Rosa   ¿Cómo lo estás manejando?

Sara   Intento no pensar en ello. Pero mi cabeza se llena de esos pensamientos sobre lo que habré engordado y sobre lo que me va a costar adelgazar de nuevo. Creo que ha sido por las galletas. Nunca las habían puesto en el desayuno y tienen más calorías que las rebanadas de pan. También tienen mucho azúcar.

Rosa   No pasa nada si tienen más calorías. Las necesitamos. Al igual que necesitamos tomar azúcar.

Sara   Pero no tanto.

ROSA   Esa cantidad está bien. Te lo aseguro.

SARA   Son un alimento prohibido.

ROSA   ¿Un alimento prohibido?

SARA   Un alimento que está mal comer. Yo solía desayunar galletas cuando era niña. Me encantaban, pero fue de los primeros alimentos que restringí por todo el azúcar que tienen.

ROSA   ¿Cuánto llevabas sin comer galletas?

SARA   No estoy segura. Años.

ROSA   Te aseguro que no hay nada malo en desayunar cinco galletas como venían en el paquete. Lo mejor es ir cambiando el desayuno. (*Pausa.*) He llamado antes a tu madre.

SARA   (*Asustada.*) ¿Para qué?

ROSA   Queremos darte permiso de salida esta tarde. Con ella. ¿Cómo lo ves?

SARA   Tengo miedo, pero cuanto antes mejor.

ROSA   ¿Segura? No quiero que empeores porque nos precipitemos.

SARA   Tengo que hacerlo.

Escena 9.

Alrededores del hospital. Cristina y Sara *pasean.*

Cristina   Me alegra muchísimo que ya puedas salir. Estás distinta. Estoy deseando que vuelvas a casa. ¿Ya te han dicho la fecha del alta?

Sara   Supongo que dentro de poco, estoy comiendo y creo que voy mucho mejor.

Cristina   No sabes el susto que me diste. De repente, me llamaron contándome que estabas ingresada en el hospital. Pensaba que habías tenido un accidente. *(Pausa.)* ¿Por qué no me dijiste nada?

Sara   Hay cosas que no son fáciles de contar.

Cristina   A veces tengo la sensación de que no te conociera. Todo ha cambiado mucho, parecemos extrañas. Quiero que me cuentes las cosas. *(Silencio.)* Al principio no me creía lo que decía la psiquiatra. Esa de la que estaba hablando no era mi hija, no te reconocía. Quería demandarlos por encerrarte.

Sara   Me están ayudando mucho.

CRISTINA   Tendría que haberme fijado más y haber estado atenta. Estas semanas he estado echando la vista atrás, y todo estaba tan claro. Había tantas señales y no fui capaz de verlas. La psiquiatra dice que no es fácil cuando lo tenemos tan cerca, pero tendría que haberme dado cuenta.

SARA   Es complicado.

CRISTINA   Lo siento mucho. Siento no haberte ayudado.

SARA   Da igual.

CRISTINA   Lo siento, Sara. Tendría que haber estado a tu lado y haberlo frenado a tiempo para que no sufrieras. Todo esto no hubiese pasado. No me lo perdonaré jamás.

SARA   Por favor, mamá, para. No me digas esto ahora.

Escena 10.

Planta de psiquiatría. Sara *llega muy nerviosa.*

Sara   Necesito un *Lexatín*.

Nuria   ¿Qué te pasa?

Sara   Estoy muy nerviosa. Necesito una pastilla.

Nuria   Siéntate aquí un momento. Intenta respirar despacio. Voy a avisar a la enfermera para que te dé algo.

Escena 11.

Consulta de ROSA.

SARA   No paraba de preguntarme por qué no se lo
                había contado y de pensar que la había asus-
                tado mucho.

ROSA   Las primeras salidas suelen ser difíciles.

SARA   Llegué hecha una mierda a la planta. No cené,
                Rosa.

ROSA   Pero estás avanzando, has desayunado bien.

SARA   Y no puedo dejar de pensar en ello.

ROSA   En los ingresos hay días más complicados que
                otros. Es normal que ayer te sintieses así. Lle-
                vas tres meses sin salir de aquí y no es lo mis-
                mo hacer una llamada de quince minutos que
                pasar dos horas con tu madre.

SARA   Pero llevaba semanas estando mejor y creía que
                ya estaba más cerca de que me dieseis el alta.

ROSA   Tener esos pensamientos durante la recupe-
                ración es habitual. Es parte del proceso. En

pocos casos terminan desapareciendo del todo. Lo más importante es que aprendas a manejarlos.

SARA   ¿Me estás diciendo que nunca me voy a curar?

ROSA   Me refiero a que es lento. Cuando te demos el alta, tendrás que seguir con la recuperación y probablemente necesites durante un tiempo tratamiento psicológico.

SARA   ¿Cuánto tiempo?

ROSA   Eso no podemos saberlo. Depende de cada paciente. Algunos lo necesitan durante toda la vida. (*Silencio.*) Has mejorado mucho estas últimas semanas, Sara. Además, he estado revisando la analítica que te hicimos ayer y los niveles de la mayoría de las hormonas y vitaminas ya están en rango. Pronto podremos quitarte algunas pastillas.

Escena 12.

Planta de psiquiatría. SARA, *muy nerviosa, come lo más rápido que puede sin prestar atención a nada.* NURIA *no coge ni los cubiertos.*

JULIÁN   Te vas a atragantar. No comas tan rápido. (SARA *continúa comiendo como si no lo hubiese escuchado.)* Más despacio, Sara. (SARA *lo mira y continua a lo suyo.* JULIÁN *le agarra el brazo.)* Relájate. Por favor. *(Pausa.)* ¿Qué te pasa?

SARA   ¿A ti qué te importa?

(JULIÁN *se aleja.* SARA *sigue comiendo con muchísima ansiedad.* NURIA *se levanta y le da su bandeja con la comida a* JULIÁN.)

JULIÁN   No has comido nada.

(Silencio. NURIA *se acerca a* SARA. *Sale a escena* ROSA, *que se acerca a* JULIÁN.)

NURIA   Es un montón. Y te van a dar un batido después. (SARA *sigue comiendo.)* ¿Piensas potarlo todo? Eso solo va a hacer que te sientas una gorda asquerosa.

SARA   Déjame, Nuria.

NURIA   Tú verás, pero estás dejando que consigan todo
            lo que quieren.

            (SARA *para de comer.*)

SARA   Yo quiero salir de aquí.

NURIA   Después de mi primer ingreso salí con ocho
            kilos más. Sé fuerte.

ROSA   Nuria, coge tu bandeja de nuevo.

NURIA   Ni de coña.

            (*Mutis de* NURIA. ROSA *se acerca a* SARA.)

ROSA   Te veo muy nerviosa. ¿Te pasa algo?

SARA   Me da miedo.

ROSA   ¿El qué?

SARA   Salir a merendar a una cafetería esta tarde.

ROSA   Yo te veo preparada.

SARA   ¿Y si sale mal?

Escena 13.

Planta de psiquiatría. JULIÁN *está sentado en un sillón con el móvil.* Sale a escena NURIA.

NURIA   Eres un puto chivato.

JULIÁN   ¿Qué quieres?

NURIA   Rosa me ha puesto un batido más por tu culpa.

JULIÁN   Solo he hecho mi trabajo.

NURIA   ¿Fue porque no te comí la polla el otro día? *(Pausa.)* Yo también me puedo chivar de muchas cosas.

JULIÁN   ¿Y quién te creería? ¿No te ves? Desde que has ingresado solo has hecho dos cosas: mentir e intentar llamar la atención. No sabes hacer nada más. *(Silencio.)* ¿Quién te va a colar las cuchillas y las pastillas si no estoy yo? Casi todas las chicas que pasáis por aquí estáis dispuestas a comerme la polla a cambio de cualquier gilipollez. Tengo a muchas, pero tú no tienes a nadie. No seas imbécil, sabes que te interesa no decir nada.

(JULIÁN *saca varias pastillas del bolsillo de la casaca.*)

NURIA   Déjame en paz.

JULIÁN   No seas cría, te hacen falta. Los ingresos son muy largos y aquí no te dan las suficientes.

(*Silencio.*)

NURIA   ¿Cuántas tienes?

JULIÁN   Todas estas. Ya sabes lo que tienes que hacer si las quieres.

(*Silencio.*)

NURIA   Vamos a la habitación.

(*Mutis de* NURIA. JULIÁN *la sigue.*)

Escena 14.

Consulta de ROSA.

ROSA   Te veo cada vez mejor. Las últimas salidas con tu madre fueron bien.

SARA   No sé si me voy a poder enfrentar a la vida fuera. Al principio solo pensaba en salir y ahora me da miedo.

ROSA   Pero tienes que hacerlo. Es lo que te queda, seguir haciendo fuera lo que ya haces aquí.

SARA   ¿Y si recaigo?

ROSA   Vas a tener seguimiento e irás al hospital de día durante un tiempo. Si recaes, podremos detectarlo antes y te ayudaremos. No vas a estar sola.

SARA   ¿Cuándo me la vas a dar?

ROSA   El viernes.

SARA   ¿Qué? Ni de coña. No estoy preparada, Rosa.

ROSA   Lo estás. Confía en mí.

SARA   No puedo hacerlo todavía.

ROSA   Pasar demasiado tiempo en la unidad de psi-
       quiatría no es bueno, te acostumbras a una
       vida que no es real. No vale esconderse todo
       el tiempo, tienes que enfrentarte. No es fácil,
       pero tienes que empezar a asumir tú la res-
       ponsabilidad de decidir para no quedarte atra-
       pada toda la vida. Ya no eres una niña, no bus-
       ques excusas. Hazlo por ti.

SARA   ¿Y si no soy capaz?

ROSA   Soy prudente a la hora de dar el alta en el pri-
       mer ingreso.

Escena 15.

Planta de psiquiatría. NURIA *está escribiendo en una libreta.* SARA *se acerca.*

SARA   ¿Qué haces?

NURIA   La gilipollez de ejercicio que nos ha mandado la terapeuta esta mañana. ¿Tú sabes cuál es tu mayor sueño? (*Silencio.*) ¿Lo has hecho ya?

SARA   No, todavía no.

NURIA   ¿Te pasa algo?

SARA   ¿Por qué lo dices?

NURIA   Estás rara.

(*Silencio.*)

SARA   Me van a dar el alta esta tarde.

NURIA   ¿Qué? ¿Por qué no me lo habías contado? (*Silencio.*) Pensaba que tú y yo no nos mentíamos.

SARA   No te he mentido.

NURIA   No me lo habías contado. Eso es mentir.

SARA   No quería hacerte daño.

NURIA   ¿Por qué iba a hacerme daño? (*Silencio.*) ¿Tú también crees que soy una blanda?

SARA   No es eso.

NURIA   Solo eres como ellos. ¿Sabes por qué te dan el alta? Porque has sido capaz de comportarte como una cerda hambrienta durante semanas.

SARA   Estás enferma.

NURIA   ¿Y? ¿Sabes lo que te va a costar adelgazar los kilos que has cogido? A mí también me manipularon en mi primer ingreso. Te asusta verte tan vulnerable y terminas confiando en ellos. Pero las que de verdad tenemos claro lo que queremos, insistimos de la forma que sea y nos matamos hasta conseguirlo.

SARA   Estás muy mal, Nuria.

NURIA   ¿Y tú? ¿Qué vas a hacer ahora? Tú madre te va a vigilar todo el rato, te revisarán el móvil para asegurarse de que no te metes en blogs y en grupos de *WhatsApp* de Ana y Mía, tus amigas solo querrán quedar para cenar y a ti no te apetecerá, te verás más gorda que nunca, conocerás a un chico y serás incapaz de desnudarte delante de él y todos te mentirán diciéndote que te ven mejor por haber engordado. Vas a estar sola y nadie te va a entender. (*Silencio.*) Solo te lo digo por tu bien. A veces necesitamos que alguien sea sincero con nosotras. Empezarán a hacerte falta las calorías que has estado comiendo aquí, serás cada vez menos estricta. Si no tienes disciplina, te convertirás en una de ellas. Eso es lo que buscan, no tener competencia. (*Pausa.*) ¿En serio has pensado que me ibas a dar envidia? Me das pena. (SARA *le suelta una bofetada. Silencio.*) Eres una zorra.

(*Mutis de* SARA.)

Escena 16.

Habitación de Nuria. *El suelo está lleno de blísteres de pastillas.* Nuria *se tambalea, casi no aguanta de pie. Se toma dos pastillas de golpe.*

Nuria (*Mira la pastilla que le queda.*) Esta no sé ni qué coño es. Da igual, sirven todas para lo mismo. (*Se la toma.*) Yo no estoy enferma. Soy anoréxica. (*Pausa.*) Y bulímica. Pero lo soy porque yo he decidido serlo. No pienso ser cómo os dé la gana a vosotros. Deberíais aceptarme y punto. Cuando estaba gorda no parabais de repetirme que tenía que perder peso. Ahora me decís que estoy enferma. A ver si os aclaráis y me dejáis tranquila de una puta vez. ¿No os dais cuenta de que esto es lo que quiero?

Escena 17.

Consulta de ROSA. SARA *está mirando el informe de alta.*

ROSA   ¿Me escuchas? ¿Sara?

SARA   ¿Por qué no pone el peso?

ROSA   Nunca lo indicamos en estos informes.

SARA   No quieres que lo sepa.

ROSA   Hablamos sobre ello varias veces y pactamos que era mejor no enfocar el tratamiento en ello.

SARA   Pero es el alta. Salen reflejados hasta los valores de la última analítica. ¿Tanto he engordado? Si no fuera grave, me lo dirías.

ROSA   No se trata de eso.

        (Vuelve a mirar el informe. Está cada vez más nerviosa.)

SARA   ¿Es porque no queréis que me sienta como una foca? *(Silencio.)* ¿No lo entiendes? Es mejor que me entere aquí que estando sola en casa. Antes me pesaba mínimo tres veces al día, pero llevo casi cuatro meses sin que me digáis lo que peso. Que es solo el peso, no te estoy pidiendo que me recetes pastillas adelgazantes. Que vosotras os engañéis evitando saber vuestro peso y fingiendo que os da igual solo va a hacer que terminéis muriéndoos de un infarto por pesar más de cien kilos. (*Tirando el informe de alta.*) ¡Joder, Rosa! Dímelo. (*Silencio.*) Perdón.

ROSA   ¿Cómo te sentirías si lo supieses?

SARA   Por favor, no empieces otra vez... (*Silencio.*) Sé que he engordado y lo tengo asumido, pero no es lo mismo haber subido cuatro kilos que siete.

(*Sale a escena* JULIÁN.)

JULIÁN   Rosa, necesito que vengas un momento.

ROSA   Ahora no puedo.

JULIÁN   Es urgente.

(ROSA *se levanta.*)

ROSA   (*A* SARA.) Espérame aquí.

(*Mutis de* JULIÁN *y* ROSA. SARA *saca de la bolsa la ropa que llevaba puesta el día que ingresó.*)

SARA   Al llegar a casa, empezaron los problemas. Yo no podía quitarme de la cabeza la idea de averiguar mi peso. Mi madre se había deshecho de la báscula, pero probándome ropa podía hacerme a la idea de lo que pesaba ahora. Una talla más equivale a unos cinco kilos. Ya no me entraban los pantalones *skinny* talla treinta y cuatro y me quedaba muy estrecha la ropa ancha que utilizaba antes del ingreso. No me sentía guapa con nada y necesitaba ropa nueva. Cuando adelgazas, sientes orgullo al ir de compras porque todo te queda bien. Pero cuando engordas, solo puedes comprar ropa pensando en cómo disimular el peso que has cogido. Al principio intentaba convencerme de que no pasaba nada, de que no se notaban esos kilos y de que conseguiría adelgazarlos como ya había hecho antes. Pero pronto, a escondidas, empecé a pedir ayuda a grupos de *Telegram* en los que chicas que están pasando por lo mismo que yo te aconsejan sobre cómo bajar de peso y te animan a seguir haciéndolo. Sabía que era malo para mí, pero no podía evitarlo. Me preguntaba si el tiempo pasado en ese manicomio había servido para algo. Al fin y al cabo, soy lo que soy.

Escena 18.

Habitación de Nuria. Nuria *está tirada en el suelo. Salen a escena* Rosa *y* Julián.

Rosa   *(Se agacha junto a* Nuria.*)* ¿Cuánto lleva así?

              (Intenta conseguir que reaccione.)

Julián   Me la acabo de encontrar. En la comida estaba bien.

              (Coloca a Nuria *bocarriba y estirada.)*

Rosa   ¿De dónde ha sacado todas estas pastillas? *(Inclina la cabeza de* Nuria *hacia atrás. Observa un instante el cuerpo y se acerca para comprobar la respiración.)* No respira. Trae el carro de parada y avisa a las enfermeras. *(Comprueba el pulso en la carótida. Silencio.)* Tampoco tiene pulso.

              (Silencio.)

ACTO 3

Escena 1.

*Planta de psiquiatría. R*OSA*, intenta disimular y se toma una pastilla. Sale a escena* JULIÁN.

JULIÁN   La familia estaba hasta las narices de ella. No van a perder el tiempo denunciando al hospital. Puedes estar tranquila.

ROSA   ¿Tranquila? A mí el hospital me importa una mierda. Se ha muerto una paciente por nuestra culpa. *(Pausa.)* ¿Cuánto llevábamos sin revisar su habitación? Nuria no pudo haberse tomado todas esas pastillas en un minuto. ¿De dónde las sacó? La puerta debería haber estado cerrada.

JULIÁN   Aquí la gente se muere, estamos en un hospital. Que te culpes solo va a hacerte daño. Y que intentes culparme a mí, solo te va a traer problemas. Al menos fue con pastillas, podría haber sido peor.

ROSA   Tenía veinte años. (*Silencio.*) Podríamos ha-
        berla vigilado más.

JULIÁN ¿Para que engordase, le dieses el alta y a los
        dos meses volviese estando peor todavía? La
        mayoría de las pacientes no tienen solución.

Escena 2.

Comedor de la casa de CRISTINA. SARA *y* CRISTI-
NA *están terminando de cenar.*

CRISTINA   Estoy muy orgullosa de todo lo que te estás
esforzando. (SARA *asiente.*) Sé que es difícil
porque me lo…

SARA   (*Cansada de que repita siempre lo mismo.*) Porque te lo dicen en el grupo de ayuda.

CRISTINA   Sí. ¿Qué pasa?

SARA   Que no has parado de repetirlo desde que me
dieron el alta. Deberías dejar de ir, pierdes el
tiempo en esa chorrada y yo ya estoy mejor.

CRISTINA   Pero dicen que es fundamental…

SARA   Sí, que es fundamental esperar un tiempo desde que la persona empieza a estar mejor. ¿Qué
esperas que digan cuando te cobran a noventa
y cinco euros la sesión? Solo quieren sacarte
dinero. No entiendo cómo no te das cuenta.

CRISTINA   A mí me viene bien. Me comprenden y me ayudan a entender todo lo que te está pasando.

SARA   ¿Qué tienes que entender?

CRISTINA   Todo lo que supone tu enfermedad.

SARA   Pues lo miras en internet como hacemos to-
            das. La gente normal no va a esos grupos. Es
            de pirados. Es una de esas cosas que la gente
            hace para sentirse mejor consigo misma y por
            aparentar que se preocupa por los demás.

CRISTINA   Sara, no trato de aparentar nada. Me preocupo
            por ti. Acaban de darte el alta, todavía queda
            mucho. He hecho amigas allí que abandona-
            ron el grupo pensando que sus hijas estaban
            recuperadas y recayeron.

SARA   Porque estarían más graves.

CRISTINA   Es importante tomárselo con calma. Siempre
            repiten que lo más importante es intentar no
            recaer después del alta del primer ingreso.

SARA   No confías en que me esté recuperando. Es
            eso.

CRISTINA   Claro que lo hago, pero no es fácil.

SARA   Pero yo te digo que estoy bien. ¡Me tienes que
            dar espacio! (*Mutis de* CRISTINA. *Se lleva los
            platos.* SARA *saca el móvil.*) Abro *Instagram*.
            Aparecen las *influencers*. Están buenas y tie-
            nen millones de *likes*. Muchos chicos guapos
            comentan sus historias. ¿Por qué yo no soy

así? Me hago esta pregunta y, para evitar el seguir pensando en ella, paso a la siguiente publicación. Es Laura, mi amiga. Bueno, ya no somos amigas. Lo éramos en el instituto. Aunque siempre he sentido envidia de ella. Parecía feliz y sonreía mucho. *(Pausa.)* En la foto sale con su novio comiéndose un gofre en una cafetería de Malasaña. Él es un tío guapo y por cómo la mira, parece que la quiere. Me gustaría tener al lado a alguien que se preocupe por mí así. Ella antes lo hacía, pero nos distanciamos cuando empezó a salir con él. Sé que mi madre está ahí, pero lo hace por obligación. Al final es lo que la sociedad espera de una madre. Tengo a Rosa, mi psiquiatra, pero cuando termina el turno tiene cosas más importantes en las que pensar. Preocuparse es solo su trabajo. ¿Por qué la zorra de Laura tiene novio? Si es más fea que yo y con el vestido que lleva parece una de esas meninas cutres que colocan por la calle. No quiero seguir viendo a esta gorda y deslizo a la izquierda para ver la siguiente historia. Me salta un anuncio. *Similaxol.* Un producto dietético. Las redes sociales son un asco, pero siempre saben lo que necesitas. Justo debajo del nombre añaden con una tipografía muy bonita: «Pierde cinco kilos en menos de dos semanas». Pincho en el enlace y veo que es una página mejicana especializada en productos para bajar de peso que se llama *NatuZem.* Siempre he escuchado que estas pastillas te joden por dentro. *(Pausa.)* Pero algunas chicas las recomiendan después de engordar por culpa del ingreso. Nuria me dijo que a ella le funcionaban y, según la web, tienen numerosos beneficios. Los comentarios son todos positivos, las chicas explican que de una vez por todas han conseguido en poco tiempo lo que llevaban mucho intentando. *(Pausa.)* Solo será un periodo corto, lo justo para perder los kilos que me han obligado a engordar. Mi madre estará tranquila y en el hospital de día dejarán de estar pendientes de mí si me ven comer. Un usuario ha escrito que se notan los efectos desde la primera toma. Me da miedo e intento buscar información en internet. Hablan del efecto rebote cuando dejas de tomarlo. Pero las que escriben esos comentarios son obesas que alivian su ansiedad con la comida. Yo no soy así y eso no me va a pasar. Dudo un momento si comprarlo o no, pero pronto recuerdo todo lo que me han hecho comer en el último mes y añado la dirección de un local cercano a mi casa para que me lo envíen. Solo tarda un par de días en llegar. Voy al local y por fin lo tengo en mis manos. Antes de llegar a casa, me tomo una pastilla. Es la dosis que indica el prospecto.

Escena 3.

Comedor de casa de CRISTINA. CRISTINA *está terminando de poner la mesa. Sale a escena* SARA *escondiendo un bote de pastillas de Similaxol en el bolso.*

CRISTINA   ¿No has comprado el pan?

SARA   No había integral.

CRISTINA   Podrías haber cogido cualquier otro. *(Silencio.)* Has tardado mucho.

SARA   Había cola. (CRISTINA *va al armario y saca un paquete de pan de molde.*) No pienso comer pan de molde con las lentejas.

CRISTINA   Haber comprado otro.

SARA   ¿Tú sabes lo que lleva eso? (CRISTINA *sirve una rebanada a* SARA *y guarda la bolsa.*) ¿Quieres que en la próxima analítica me diagnostiquen hipertensión y diabetes?

CRISTINA   En tu dieta pone que tienes que acompañar las comidas con pan.

SARA   Pero no con este. Ningún nutricionista está
                tan mal de la cabeza como para recomendar
                pan procesado que ni siquiera es integral.

CRISTINA   Si no te gusta, el próximo día compra otro.

SARA   Antes solo comíamos pan integral.

CRISTINA   Pero las cosas ya no son como antes.

SARA   Tienes razón. Algo tan poco saludable jamás
                lo hubiésemos tenido en el armario. ¿Sabes
                cómo vamos a acabar?

CRISTINA   Es bueno comer de todo.

SARA   Pues tú no te has puesto ninguna rebanada.
                (*Silencio.*) No me lo pienso comer.

CRISTINA   Si no te lo comes, tendrás que tomar un bati-
                do más.

SARA   ¿Por una puta rebanada?

CRISTINA   Ya sabes que tenemos que seguir el trata-
                miento.

SARA   Y una mierda. Un batido son más calorías.

CRISTINA   Pues cómete el pan. (*Silencio.* SARA *juguetea
                con la rebanada y termina doblándola y aplas-
                tándola para que parezca menos cantidad.*) Pue-
                des hacerlo, Sara.

(Se la come de golpe.)

SARA   ¿Contenta? (*Silencio.*) Ahora ya puedes ir a tu secta a presumir de que lo estás haciendo genial y de que tu hija está mejorando muchísimo.

Escena 4.

Consulta de Rosa.

Rosa   ¿Has hecho todas las comidas este fin de semana?

Sara   Todas.

Rosa   ¿Hasta las que son más difíciles?

Sara   También. Mi madre está pendiente todo el rato.

Rosa   ¿No te saltas ninguna?

Sara   No.

Rosa   ¿Y las cantidades?

Sara   Yo no las elijo.

Rosa   ¿Y el tema del deporte?

Sara   Menudo interrogatorio.

Rosa   Cuando ingresaste hablamos de que siempre intentabas compensar lo que comías con ejercicio. ¿Has querido hacerlo en algún momento?

SARA   Intento no pensarlo y tener clara la actividad que voy a hacer después de las comidas. Son los momentos de más ansiedad, pero ya van mejor.

ROSA   ¿Seguro?

SARA   Que sí. No hago nada de ejercicio.

ROSA   ¿Ni un poco? (*Silencio.*) Has perdido dos kilos desde que te dimos el alta.

SARA   Pues no soy yo la que ha puesto la dieta.

ROSA   Deberías haber ganado peso. (*Silencio.*) ¿Piensas que hay algo que puede haberte hecho perder ese peso?

SARA   Yo estoy haciendo lo que me decís.

ROSA   ¿Estás tomando algo para adelgazar?

SARA   No quiero que me volváis a encerrar aquí.

ROSA   Voy a pedir que te hagan una analítica por si hay algo más que se nos esté escapando.

SARA   ¿Por qué desconfiáis todo el rato de mí?

ROSA   No desconfiamos, pero estás siguiendo la dieta y tenemos que ver a qué se debe esa pérdida de peso. Te la haremos algún día de esta semana en el hospital de día y según los resultados veremos cómo modificamos la dieta.

SARA   ¿Me vais a subir la cantidad de batidos?

ROSA   No lo sé, Sara. Probablemente tengamos que hacer algún cambio.

SARA   Ya…

ROSA   Intenta no pensar en esto ahora y centrarte en seguir haciendo las cosas bien.

Escena 5.

Habitación de SARA. *Sale a escena* CRISTINA. *Con algo de torpeza por el nerviosismo revisa varios cajones sin encontrar nada. También el armario y la cajita de maquillaje del tocador. Tampoco hay nada. Vuelve a los primeros cajones. Se detiene un momento y ve el bolso. Lo coge cuando sale a escena* SARA.

SARA   ¿Qué haces?

CRISTINA   Nada. Solo ordenaba tu habitación. Lo habías dejado tirado.

SARA   No me gusta que toquetees mis cosas.

CRISTINA   Solo estaba recogiendo. (SARA *le quita el bolso de las manos.*) ¿Qué tienes en ese bote blanco?

SARA   Nada.

CRISTINA   ¿Son pastillas? (*Silencio.*) ¿Qué es?

SARA   ¿Qué más te da?

CRISTINA   ¿Qué pastillas son?

SARA   Vitaminas. Me las recetó Rosa ayer.

CRISTINA   No me dijo nada. Y tú tampoco. Ya sabes que yo tengo que encargarme de tu medicación. (*Silencio.*) Déjame verlas.

SARA   ¿No confías en mí?

CRISTINA   Sara, dame el bolso.

SARA   Deja de controlarlo todo.

CRISTINA   Rosa no te ha recetado nada nuevo.

SARA   Sal de mi habitación.

CRISTINA   Cuando me dejes ver las pastillas.

SARA   No voy a dejarte ver nada. Son mis cosas. (*CRISTINA intenta quitarle el bolso.*) Que me dejes en paz. Son mis cosas. ¡No te lo pienso dar! No tienes ningún derecho a mirar mi bolso. Solo tenías que ser una buena madre y ni de eso has sido capaz.

CRISTINA   Por favor, déjame verlo.

(*SARA empuja a su madre intentando echarla de la habitación. Termina tirándola al suelo.*)

SARA   Vete. ¡Joder! Mira lo que me has hecho hacer. Déjame, yo estoy bien. Solo me agobias. ¡Estoy harta! ¡Harta! Que ningún adulto puede aguantar esto. No te haces a la idea de lo que es tener a alguien detrás de ti todo el puto día. Y me da lo mismo que seas mi madre. Haberlo hecho mejor. (SARA *grita y tira el bolso contra su madre. Silencio.*) ¿Me das un lorazepam? Lo cogería yo, pero los tienes escondidos.

CRISTINA   Ahora te lo doy.

SARA   ¿Qué quieres? ¿Que me encierren otra vez?

(*Mutis de* CRISTINA. SARA *recoge el bolso y se sienta en la silla del tocador. Prefiere no mirarlo.*)

Escena 6.

Consulta de ROSA.

SARA   Otra vez aquí.

ROSA   ¿Qué esperabas? ¿Que no fuésemos a darnos cuenta?

SARA   Eso ponía en la web.

ROSA   Si hubiese puesto lo contrario, no lo hubieras comprado. Las farmacéuticas intentan aprovecharse de todo. Además, te estabas tomando cinco veces la dosis que recomienda el prospecto.

SARA   ¿Me vais a ingresar?

ROSA   Sí.

SARA   ¿Para qué? Me pasé aquí casi cuatro meses y mira cómo estoy. ¿De qué va a servir?

ROSA   Tú eres quien decide si sirve o no. Nosotros no podemos cambiarte por mucho que hagamos todo lo posible. Puedes intentar llamar la atención, pero…

SARA   Yo no intento llamar la atención.

ROSA   Podemos hacer terapia, conseguir que ganes peso y recetarte tranquilizantes, pero tú eres quien tiene que decidir si estás dispuesta a aguantar la ansiedad que te provoca comerte un plato de setecientas calorías y resistir cada impulso de querer compensarlo.

SARA   Me has obligado a engordar. No me entra la ropa. Cada vez que me miro, solo puedo pensar en el asco que me doy por haber dejado que todo esto pasase. Me siento fea y gorda. Adelgazar es lo único que me tranquiliza.

ROSA   Lo que te pasa no lo vas a arreglar adelgazando. Puede que durante unas horas te sientas mejor cuando veas que has perdido un kilo, pero todo volverá a ser igual cuando te mires al espejo y sigas sin gustarte hagas lo que hagas. Has perdido el control.

SARA   Pero está bien hacer todo lo posible por mantenerse guapa.

ROSA   Lo que tú haces no va a mantenerte guapa. Es peligroso.

SARA   ¡Yo solo me cuido!

ROSA   Estás haciéndote daño. Cuando consigas recuperarte, te darás cuenta.

SARA	Yo no quiero recuperarme. Que yo quiero ser así. ¡Joder, Rosa! ¿En serio no lo ves?
ROSA	Tranquilízate.
SARA	¡No quiero!
	(SARA *da una patada a la silla.* ROSA *pulsa el botón de emergencia de la consulta.*)
ROSA	Necesito diez miligramos de diazepam intramuscular.
SARA	No me vas a pinchar.
ROSA	Es importante que te tranquilices.
SARA	¿Eso es lo único que sabes decir? Ya he perdido cuatro meses aquí. Nuria se mató porque no soportaba más esta mierda. ¿No te sientes culpable? (ROSA *se aleja de* SARA.) ¡Eres una zorra y una mierda de psiquiatra!
ROSA	Aquí lo controlaremos todo mejor.
SARA	Sois cojonudos controlándolo todo. ¡Mírame! ¿Has conseguido algo con tus discursos y las putas pastillas? Nada. (*Sale a escena* JULIÁN. *Le da a* ROSA *la medicación.* JULIÁN *intenta sujetar a* SARA.) El que faltaba.
JULIÁN	¿Qué ha pasado?

SARA	No me toques. (*Pausa.*) Déjame en paz. (JULIÁN *consigue sujetar a* SARA *por el pecho con su brazo derecho y su muñeca con la mano izquierda. Él tiene más fuerza, pero ella intenta soltarse pegando patadas.*) Eres un cabrón. ¡Suéltame!
ROSA	¿La tienes sujeta?
JULIÁN	Sí.
SARA	¡Déjame en paz!
ROSA	Sara, si no te relajas, va a dolerte más.

(SARA *se agita más.* JULIÁN *la agarra más fuerte.*)

SARA	Me vas a partir el brazo.
JULIÁN	Pues quédate quieta.
SARA	No me da la gana. ¡Suéltame! ¡Me hacéis daño! (ROSA *se agacha a la izquierda de* SARA. *Le baja el extremo superior del pantalón.*) ¡Déjame! ¡Joder! Que me...

(ROSA *pincha a* SARA *en la zona superior externa del glúteo.* SARA *chilla.*)

Escena 7.

Planta de psiquiatría. ELENA *se muerde las uñas sentada en una de las sillas de la zona común mientras mira ansiosa todo lo que ocurre a su alrededor. A su lado está* SARA.

SARA   ¿Tu primer ingreso?

ELENA   Sí. (*Silencio.*) Soy Elena. (*Pausa.*) ¿Sabes si aquí nos vigilan mucho en las comidas? (*Silencio.*) ¿Hay alguna forma de esconder lo que nos ponen?

SARA   Toma este trozo de papel. Si utilizas la servilleta de la bandeja, se darán cuenta.

ELENA   Gracias.

SARA   Aquí solo podemos entendernos entre nosotras. Ellos quieren engañarte y convertirte en una gorda. Cada vez que comer parezca el camino fácil, piensa en lo feliz, segura y orgullosa que te sentirás si consigues morirte siendo guapa y delgada.

(SARA *se sienta en otra mesa. Sale a escena* JULIÁN *y reparte las bandejas.* SARA *mira la comida* durante unos segundos. Ya nadie se fija en ella. Se levanta y avanza. Se gira, mira cómo ELENA está escondiendo la comida en el trozo de papel y cómo ROSA intenta frenarlo. SARA saca una cuchilla del bolsillo del pijama. Empieza a caer la luz. No duda y se corta el antebrazo izquierdo. No para hasta llegar a la flexura del codo. Repite el mismo movimiento en el brazo derecho. Ya se ha hecho un oscuro. Suspira aliviada.)

Esta primera edición de #anorexia,
de María Gutiérrez, terminó de imprimirse
en diciembre de dos mil veinticinco,
en Madrid.